Being a Superhero
Як стати супергероєм

Liz Shmuilov
Illustrated by Mary K. Biswas

www.kidkiddos.com
Copyright ©2019 KidKiddos Books Ltd.
support@kidkiddos.com

Translated from English by Yuliia Vereta
З англійської переклала Юлія Верета
Ukrainian editing by Roksolana Shteibart
Редактор української версії Роксолана Штейбарт

Library and Archives Canada Cataloguing in Publication
Being a Superhero (English Ukrainian Bilingual Edition)/ Liz Shmuilov
ISBN: 978-1-5259-3231-1 paperback
ISBN: 978-1-5259-3232-8 hardcover
ISBN: 978-1-5259-3230-4 eBook

Please note that the Ukrainian and English versions of the story have been written to be as close as possible. However, in some cases they differ in order to accommodate nuances and fluidity of each language.

Hi friends! My name is Maya. I am a lizard.
I want to tell you a story about my best friend
Ron the frog, who became a superhero.

*Привіт, друзі! Мене звати Майя. Я –
ящірка. Я хочу розповісти вам про мого
найкращого друга, жабенятко Рона, який
став супергероєм.*

One summer day, I was at Ron's house
watching our favorite superhero show.

*Одного літнього дня я була у Рона вдома,
і ми дивилися наш улюблений серіал про
супергероїв.*

"You know," Ron said suddenly, "it would be cool to be a superhero. Then we would be able to help others!"

— Знаєш, — раптом сказав Рон, — було б чудово стати супергероями. Ми могли б допомагати іншим!

"That's a great idea!" I replied, millions of thoughts racing through my mind. "I could be your coach and teach you all the things a superhero needs to know!"

— Це чудова ідея! — відповіла я, і мільйон думок пронеслися у моїй голові. — Я могла б стати твоїм тренером і навчити тебе всього, що має знати справжній супергерой!

"I've watched a lot of movies. I can teach you," I added.

– Я бачила багато фільмів. Я можу навчити тебе, – додала я.

As he heard this, a look of hope appeared on Ron's face.

Коли Рон почув це, на його обличчі з'явилася надія.

"But every superhero needs a superpower," he said quietly.

– Але кожному супергероєві потрібна суперсила, – тихо сказав він.

I thought for a moment. "Your superpower can be your talent in long jumps! Oh, and your sticky hands!"

Я на мить задумалась.
– Твоєю суперсилою може стати твій талант стрибати у довжину! О, і твої липкі руки!

"Yes!" Ron jumped with excitement.

– Так! – Рон аж підстрибнув від радості.

"Now we need a costume. Something everyone will recognize," I said.
– *Тепер нам потрібен костюм. Такий, щоб усі розуміли, що перед ними супергерой, –* сказала я.

Ron ran to his room and brought out a red shirt. "We can color a big star on this shirt!"
Рон побіг до своєї кімнати та приніс червону кофту.
– Ми можемо намалювати велику зірку на цій кофті!

"Great idea!" I smiled. "How about a cape?"
– Чудова ідея! – посміхнулась я.
– А плащ?

"We can use my favorite blanket!" exclaimed Ron. His eyes sparkled.
– Ми можемо зробити його з моєї улюбленої ковдри! – вигукнув Рон.
Його очі заблищали.

We got straight to work, drawing and painting on Ron's shirt.
Ми відразу ж взялися до роботи, намалювали та розфарбували зірку на кофті Рона.

"It looks amazing! You will look like a real superhero!"
I said when we finished.
– Приголомшливо! Ти матимеш вигляд справжнього супергероя! – сказала я, коли ми закінчили.

The next morning, we met at the park and started practicing.

Наступного ранку ми зустрілись у парку і почали тренування.

"Today, I will teach you a few important things every superhero needs to know: The Three Superhero Rules."
– Сьогодні я навчу тебе кількох важливих речей, без яких супергерою не обійтись. Це три супергеройські правила.

We sat down on the bench and I explained the rules to Ron.
Ми сіли на лавку, і я пояснила Рону правила.

"Rule number one: never give up, no matter how difficult the situation gets."

– Правило номер один: ніколи не здавайся, якою б складною не була ситуація.

"Rule number two: learn from your mistakes, so that you can do better next time."

– Правило номер два: учись на своїх помилках, щоб наступного разу не повторити їх.

"Rule number three: always remember that you can do anything!"

– Правило номер три: завжди пам'ятай, що ти зможеш все!

We worked on memorizing the rules and then headed back to my house.

Ми вивчили правила, а згодом попрямували до мене додому.

When we got home, we met my little brother Danny. He looked upset.

Повернувшись додому, ми зустріли мого молодшого братика Денні. У нього був засмучений вигляд.

"I can't find my favorite toy!" he cried loudly.

– Я не можу знайти свою улюблену іграшку! – він голосно заплакав.

I glanced at Ron and whispered, "This seems like a mission for a Superhero!"

Я глянула на Рона і прошепотіла: «Схоже, це завдання для Супергероя!»

Ron smiled and nodded. "What does the toy look like?" he asked.

Рон посміхнувся і кивнув.

– А що це за іграшка? – запитав він.

"It's my stuffed toy, the lion, from the superhero TV show," explained Danny. "It's big and soft."

– Це моя м'яка іграшка, Лев, із серіалу про супергероїв, – пояснив Денні.

– Він великий і м'який.

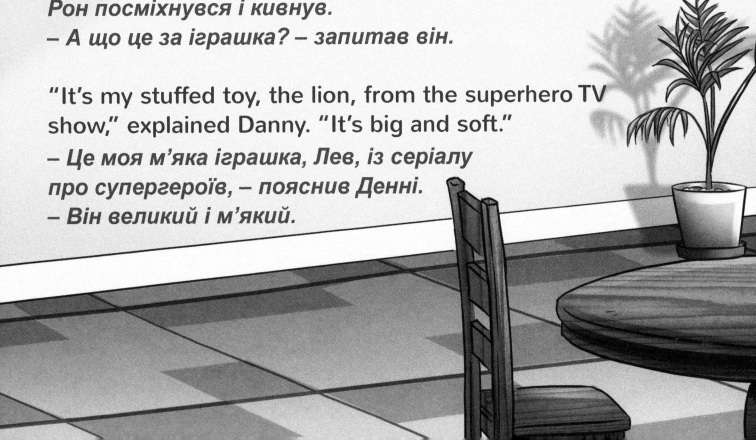

"Don't worry. We will find it," Ron assured him,
and we began our first mission.

— Не хвилюйся. Ми знайдемо його, — запевнив його
Рон, і ми розпочали нашу першу місію.

We looked everywhere — in closets, beside cupboards, behind tables and under chairs. The toy was nowhere to be found.

Ми шукали всюди: в шафах, біля сервантів, за столами і під стільцями. Іграшки ніде не було.

"You two should go look in the backyard, and I'll keep searching here," Ron suggested.

— Вам обом слід пошукати на задньому дворі, а я продовжу пошуки тут, — запропонував Рон.

Just as Danny and I stepped outside, we heard Ron's voice. "I found it! I found it!"

Як тільки ми з Денні вийшли на вулицю, ми почули голос Рона. – Я знайшов його! Я знайшов його!

We ran to him and looked down at the small object in his hand.

Ми підбігли до Рона і поглянули на маленький предмет у нього в руці.

"That's not the lion I was talking about," Danny frowned. "My toy is big and soft, but this one is small and wooden."

– Це не той лев, про якого я говорив, – нахмурився Денні.
– Моя іграшка велика і м'яка, а ця – маленька і дерев'яна.

Ron's face fell at first, but a look of determination quickly replaced the disappointment.

Спершу Рон насупився, але вмить відкинув розчарування і набрався рішучості.

"No worries," he said. "Superhero rule number one: Never give up!"

– Не хвилюйся, – сказав він. – Правило супергероя номер один: ніколи не здавайся!

"Rule number two," I added, "Learn from your mistakes.
We are looking for a big, soft, stuffed toy."

– Правило номер два, – додала я, – вчись на своїх
помилках. Ми шукаємо велику і м'яку іграшку.

"Soft and big. Got it!" Ron replied.

– М'яку і велику. Зрозумів! – відповів Рон.

"And rule number three," I said. "Who can do anything?"

– І правило номер три, – сказала я, – хто зможе все?

"I'm a Superhero and I can do anything!" yelled Ron enthusiastically.

– Я супергерой, і зможу все! – радісно вигукнув Рон.

"We have to think like superheroes," he continued.
– *Ми повинні думати, як супергерої,*
– *продовжував він.*

"If the toy is not in the house, it must be somewhere outside. It's not like it can fly away!"
– *Якщо іграшка не в будинку, вона повинна бути десь зовні. Вона ж не могла кудись полетіти!*

Ron giggled and looked up to the sky, but suddenly froze.
Рон хихикнув і глянув на небо, але раптом завмер.

"What are you staring at?" I wondered, looking up also.
– *На що ти дивишся? – поцікавилась я, теж глянувши вгору.*

Ron pointed to the top of our big apple tree.
Рон показав пальцем на верхівку нашої великої яблуні.

"Is that…?" I began to mumble.
– *Це що таке…? – пробурмотіла я.*

"My toy! You found it, Ron!" Danny exclaimed.

– Моя іграшка! Роне, ти знайшов її! – вигукнув Денні.

"But how will we get it from the tree?" he added quietly.

– Але як же ми дістанемо її з дерева? – тихо запитав він.

"Ron can get it easily," I said. "He can use his powers — his sticky hands and super long jumps."

– Рон легко зможе її дістати, – відповіла я. – Він може використати свої суперсили – липкі руки та стрибки в довжину.

Ron took a deep breath and began climbing the tree, jumping from branch to branch.

Рон глибоко вдихнув і почав підніматись по дереву, перестрибуючи з гілки на гілку.

He reached the toy and very soon, got down and handed it to my brother.

Він швидко дістався до іграшки, вмить зістрибнув вниз, і вручив її моєму братові.

"You're my hero!" Danny laughed and gave Ron a big hug.

– Ти мій герой! – Денні засміявся і міцно обійняв Рона.

"Actually, Maya is the real hero," Ron corrected him. "She taught me everything I know!"

– *Насправді, справжній герой – Майя, – зауважив Рон. – Вона навчила мене всього, що я знаю!*

That day we learned that even if we're not the superheroes from the movies, we're smart and strong and can do anything we want!

Того дня ми зрозуміли, що навіть якщо ми не супергерої з фільмів, ми розумні та сильні, і зможемо все!

And remember, you are a Superhero too!

І пам'ятай, ти теж супергерой!